编辑委员会

顾　　问：张立文
委　　员：（按姓氏笔画排列）
　　　　　王心竹　方国根　罗安宪　林美茂　段海宝
　　　　　黄　锋　彭永捷　滕小丽
主　　编：罗安宪

出版策划：方国根
编辑主持：方国根　段海宝
责任编辑：段海宝
封面设计：石笑梦
版式设计：顾杰珍

中华传统经典诵读文本

「中华传统经典诵读等级考试」指定用书

孟子选

罗安宪　主编

人民出版社

前　言

　　传统，是从历史上流传下来的、在历史上产生过重要影响、现今仍然存在并发生影响的文化信念、文化观念、心理态度及行为方式。经典是经过长期历史选择，而对本民族的文化传统产生重大影响，并最大限度地承载着本民族传统的文化典籍。经典之"经"有经久、恒常、根本的含义；经典之"典"有典章、典范、典雅的含义。传统经典既是在历史上长期流传、经久不衰的经典，又是承载、亘续传统的经典，是最有代表性、最为完美、最为精粹的经典。传统的直接载体是经典，经典保存了最优秀的中华传统文化。弘扬中华传统文化，最为简捷的途径是熟读经典。

　　中华文化源远流长，博大精深，中华民族在漫长的发展历程中，创造了无数璀璨的文化经典。经典之为经典，不是因为它是历史上产生的、是在历史上发生重要影响的文化典籍，而是因为它在历史的长河中一直持续发生影响，是因为它持续不断地影响着历史的发展，是因为它持续不断地塑造着民族精神，是因为它才是民族灵魂中永不磨灭的因子，是因为它才是传统得以传承最为重要的载体。

我们提倡诵读经典。诵读经典，是要大声地"读"，而不是无声地"看"。古人强调读书，不是看书。在读书过程中，眼睛、嘴巴、耳朵、心灵，全部投入其中，是全身心地投入，是与古代先贤精神上的沟通与交流。在读书中，与经典为伴，与圣贤为伴，仔细体会字里行间的深刻意涵。读经典不是简单地读一遍、两遍，而是要反复地读、大声地读。诵读经典，不仅可以增长智慧，开拓视野，还可以涵养气质，陶冶情操。特别是在身体与思想的养成阶段，通过诵读经典、熟悉经典，对于人格的养成，具有重要的、无可限量的意义。

为推动中华传统经典诵读活动的进一步发展，由中国人民大学孔子研究院发起，在全球范围内开展"中华传统经典诵读活动"。为配合此项活动，我们编选了"中华传统经典诵读文本"。

"中华传统经典诵读文本"，共13册，分别是：《周易》、《论语》、《老子》、《大学　中庸》、《孟子选》、《庄子选》、《春秋左传选》、《诗经选》、《汉代文选》、《唐代文选》、《宋代文选》、《唐诗选》、《宋词选》。所选文本为中国传统经典中最为重要、最有影响、最为优美的篇章。

文本的主要功能是诵读，故对文字不作解释，只对生僻字和易混字作注音。

罗 安 宪

2023 年 3 月

目 录

梁惠王上

孟子见梁惠王。王曰："叟，不远千里而来，亦将有以利吾国乎？"

孟子对曰："王何必曰利？亦有仁义而已矣。王曰，'何以利吾国'？大夫曰，'何以利吾家'？士庶人曰，'何以利吾身'？上下交征利而国危矣。万乘（shèng）之国弑（shì）其君者，必千乘之家；千乘之国弑其君者，必百乘之家。万取千焉，千取百焉，不为不多矣。苟为后义而先利，不夺不餍（yàn）。未有仁而遗其亲者也，未有义而后其君者也。王亦曰仁义而已矣，何必曰利?"

孟子见梁惠王。王立于沼上，顾鸿雁麋（mí）鹿，曰："贤者亦乐此乎?"

孟子对曰："贤者而后乐此，不贤者虽有此，不乐也。《诗》云:'经始灵台，经之营之，庶民攻之，不日成之。经始勿亟（jí），庶民子来。王在灵囿（yòu），麀（yōu）鹿攸（yōu）伏，麀鹿濯濯（zhuó），白鸟鹤鹤。王在灵沼，於（wū）牣（rèn）鱼跃。'文王以民力为台为沼，而民欢乐之，谓其台曰灵台，谓其沼曰灵沼，乐其有麋鹿鱼

鳖。古之人与民偕乐，故能乐也。《汤誓》曰：'时日害（hé）丧，予及女偕亡。'民欲与之偕亡，虽有台池鸟兽，岂能独乐哉？"

梁惠王曰："寡人之于国也，尽心焉耳矣。河内凶，则移其民于河东，移其粟于河内。河东凶亦然。察邻国之政，无如寡人之用心者。邻国之民不加少，寡人之民不加多，何也？"

孟子对曰："王好战，请以战喻。填（tián）然鼓之，兵刃既接，弃甲曳（yè）兵而走。或百步而后止，或五十步而后止。以五十步笑百步，则何如?"

曰:"不可，直不百步耳，是亦
走也。"

曰:"王如知此，则无望民之多于
邻国也。不违农时，谷不可胜食也;数
(cù) 罟 (gǔ) 不入洿 (wū) 池，鱼
鳖不可胜食也;斧斤以时入山林，材木
不可胜用也。谷与鱼鳖不可胜食，材
木不可胜用，是使民养生丧死无憾也。
养生丧 (sāng) 死无憾，王道之始
也。五亩之宅，树之以桑，五十者可
以衣 (yì) 帛矣;鸡豚狗彘 (zhì) 之

畜（chù），无失其时，七十者可以食肉矣；百亩之田，勿夺其时，数口之家可以无饥矣；谨庠（xiáng）序之教，申之以孝悌之义，颁（bān）白者不负戴于道路矣。七十者衣帛食肉，黎民不饥不寒，然而不王（wàng）者，未之有也。狗彘食人食而不知检，涂有饿莩（piǎo）而不知发。人死，则曰：'非我也，岁也。'是何异于刺人而杀之，曰：'非我也，兵也。'王无罪岁，斯天下之民至焉。"

梁惠王曰："寡人愿安承教。"

孟子对曰："杀人以梃（tǐng）与刃，有以异乎?"曰："无以异也。""以刃与政，有以异乎?"曰："无以异也。"

曰："庖（páo）有肥肉，厩（jiù）有肥马，民有饥色，野有饿莩（piǎo），此率兽而食人也。兽相食，且人恶（wù）之，为民父母，行政不免于率兽而食人，恶（wū）在其为民父母也?仲尼曰：'始作俑者，其无后乎!'为其象人而用之也。如之何其使斯民饥而死也?"

梁惠王曰："晋国，天下莫强焉，

叟之所知也。及寡人之身，东败于齐，长子死焉；西丧（sàng）地于秦七百里；南辱于楚。寡人耻之，愿比（bì）死者一洒（xǐ）之，如之何则可？"

孟子对曰："地方百里而可以王（wàng）。王如施仁政于民，省刑罚，薄税敛，深耕易耨（nòu），壮者以暇日修其孝悌忠信，入以事其父兄，出以事其长上，可使制梃（tǐng）以挞（tà）秦楚之坚甲利兵矣。彼夺其民时，使不得耕耨以养其父母，父母冻饿，兄弟妻子离散。彼陷溺其民，王往而征之，夫谁与王敌？故曰：'仁者无敌。'王请勿疑！"

孟子见梁襄王。出，语（yù）人曰："望之不似人君，就之而不见所畏焉。卒（cù）然问曰：'天下恶（wū）乎定？'吾对曰：'定于一。''孰能一之？'对曰：'不嗜杀人者能一之。''孰能与之？'对曰：'天下莫不与也。王知夫苗乎？七八月之间旱，则苗槁（gǎo）矣。天油然作云，沛然下雨，则苗浡（bó）然兴之矣。其如是，孰能御之？今夫天下之人牧，未有不嗜杀人者也，如有不

嗜杀人者，则天下之民皆引领而望之矣。诚如是也，民归之，由水之就下，沛然谁能御之？'"

齐宣王问曰："齐桓、晋文之事可得闻乎？"

孟子对曰："仲尼之徒，无道桓、文之事者，是以后世无传焉。臣未之闻也。无以，则王（wàng）乎？"曰："德何如，则可以王（wàng）矣？"曰："保民而王，莫之能御也。"曰："若寡人者，可以保民乎哉？"曰："可。"

曰："何由知吾可也？"曰："臣闻之

胡龁（hé）曰：王坐于堂上，有牵牛而过堂下者，王见之曰：'牛何之？'对曰：'将以衅（xìn）钟。'王曰：'舍之！吾不忍其觳觫（hú sù），若无罪而就死地。'对曰：'然则废衅钟与（yú）？'曰：'何可废也？以羊易之！'不识有诸？"曰："有之。"

曰："是心足以王（wàng）矣。百姓皆以王为爱也，臣固知王之不忍也。"王曰："然，诚有百姓者。齐国虽褊（biǎn）小，吾何爱一牛？即不忍其觳觫，若无罪而就死地，故以羊易之也。"

曰：“王无异于百姓之以王为爱也，以小易大，彼恶（wū）知之？王若隐其无罪而就死地，则牛羊何择焉？”

王笑曰：“是诚何心哉？我非爱其财而易之以羊也，宜乎百姓之谓我爱也。”曰：“无伤也，是乃仁术也，见牛未见羊也。君子之于禽兽也，见其生，不忍见其死；闻其声，不忍食其肉。是以君子远庖（páo）厨也。”

王说（yuè），曰：“《诗》云：‘他人有心，予忖（cǔn）度（duó）之。’夫子之谓也。夫（fú）我乃行之，反而求之，不得吾心。夫子言之，于我心有戚戚焉。此心之所以合于王者，何也？"

曰："有复于王者曰：'吾力足以举百钧'，而不足以举一羽；'明足以察秋毫之末'，而不见舆薪，则王许之乎？"曰："否。"

"今恩足以及禽兽，而功不至于百姓者，独何与（yú）？然则一羽之不举，为不用力焉；舆薪之不见，为不用明焉；百姓之不见保，为不用恩焉。故王（wáng）之不王（wàng），不为也，非不能也。"

曰："不为者与不能者之形何以异？"曰："挟太山以超北海，语（yù）人曰'我不能'，是诚不能也。为（wèi）长者折枝，语人曰'我不能'，是不为也，非不能也。故王之不王，非挟太山以超北海之类也；王之不王，是折枝之类也。老吾老，以及人之老；幼吾幼，以及人之幼。天下可运于掌。《诗》云：'刑于寡妻，至于兄弟，以御于家邦。'言举斯心加诸彼而已。故推恩足以保四海，不推恩无以保妻子。古之人所以大过人者，无他焉，善推其所为而已矣。

今恩足以及禽兽，而功不至于百姓者，独何与？权，然后知轻重；度（duó），然后知长短。物皆然，心为甚，王请度之！抑王兴甲兵，危士臣，构怨于诸侯，然后快于心与？"王曰："否，吾何快于是？将以求吾所大欲也。"

曰："王之所大欲，可得闻与？"王笑而不言。曰："为肥甘不足于口与？轻暖不足于体与？抑为采色不足视于目与？声音不足听于耳与？便嬖（pián bì）不足使令于前与？王之诸臣皆足以供之，而王岂为是哉？"曰："否，吾不

为是也。"

曰："然则王之所大欲可知已。欲辟土地，朝（cháo）秦、楚，莅（lì）中国而抚四夷也。以若所为，求若所欲，犹缘木而求鱼也。"王曰："若是其甚与？"曰："殆有甚焉。缘木求鱼，虽不得鱼，无后灾。以若所为，求若所欲，尽心力而为之，后必有灾。"

曰："可得闻与？"曰："邹人与楚人战，则王以为孰胜？"曰："楚人胜。"曰："然则小固不可以敌大，寡固不可以敌众，弱固不可以敌强。海内之地方千里者九，齐集有其一。以一服八，何以异于邹敌楚哉？盖（hē）亦反其本矣。今王发政施仁，使天下仕者皆欲立于王之朝，耕者皆欲耕于王之野，商贾（gǔ）皆欲藏于王之市，行旅皆欲出于王之涂，天下之欲疾其君者，皆欲赴愬（sù）于王。其若是，孰能御之？"

王曰："吾惛（hūn），不能进于是矣。愿夫子辅吾志，明以教我。我虽不敏，请尝试之。"曰："无恒产而有恒心者，惟士为能。若民，则无恒产，因无恒心。苟无恒心，放辟（pì）邪侈

（chǐ），无不为已。及陷于罪，然后从而刑之，是罔（wǎng）民也。焉有仁人在位，罔民而可为也？是故明君制民之产，必使仰足以事父母，俯足以畜妻子，乐岁终身饱，凶年免于死亡。然后驱而之善，故民之从之也轻。今也制民之产，仰不足以事父母，俯不足以畜妻子，乐岁终身苦，凶年不免于死亡。此惟救死而恐不赡（shàn），奚暇治礼义哉？王欲行之，则盍（hé）反其本矣。五亩之宅，树之以桑，五十者可以衣帛矣；鸡豚狗彘（zhì）之畜，无失其时，七十者可以食肉矣；百亩之田，勿夺其时，八口之家可以无饥矣；谨庠序之教，申之以孝悌之义，颁白者不负戴于道路矣。老者衣帛食肉，黎民不饥不寒，然而不王（wàng）者，未之有也。"

梁惠王下

庄暴见孟子，曰："暴见于王，王语（yù）暴以好（hào）乐（yuè），暴未有以对也。"曰："好乐何如?"孟子曰："王之好乐甚，则齐国其庶几乎!"

他日见于王，曰："王尝语庄子以好乐，有诸?"王变乎色，曰："寡人非能好先王之乐也，直好世俗之乐耳。"曰："王之好乐甚，则齐其庶几乎! 今之乐犹古之乐也。"

曰："可得闻与?"曰："独乐（yuè）乐（lè），与人乐乐，孰乐（lè）?"曰："不

若与人。"曰："与少乐乐，与众乐乐，
孰乐？"曰："不若与众。"

"臣请为王言乐：今王鼓乐于此，
百姓闻王钟鼓之声、管籥（yuè）之音，
举疾首蹙頞（è）而相告曰：'吾王之好
鼓乐，夫何使我至于此极也？父子不相
见，兄弟妻子离散。'今王田猎于此，
百姓闻王车马之音，见羽旄（máo）
之美，举疾首蹙頞（è）而相告曰：'吾
王之好田猎，夫何使我至于此极也？父
子不相见，兄弟妻子离散。'此无他，
不与民同乐也。今王鼓乐于此，百姓闻

王钟鼓之声、管籥（yuè）之音，举欣欣然有喜色而相告曰：‘吾王庶几（jī）无疾病与？何以能鼓乐也？’今王田猎于此，百姓闻王车马之音，见羽旄之美，举欣欣然有喜色而相告曰：‘吾王庶几无疾病与？何以能田猎也？’此无他，与民同乐也。今王与百姓同乐，则王（wàng）矣。”

齐宣王问曰："文王之囿（yòu）方七十里，有诸？"孟子对曰："于传（zhuàn）有之。"曰："若是其大乎？"曰："民犹以为小也。"曰："寡人之囿方四十里，民犹以为大，何也?"曰："文王之囿方七十里，刍荛（chú ráo）者往焉，雉兔者往焉，与民同之。民以为小，不亦宜乎? 臣始至于境，问国之大禁，然后敢入。臣闻郊关之内有囿方四十里，杀其麋鹿者如杀人之罪。则是方四十里，为阱（jǐng）于国中。民以为大，不亦宜乎?"

齐宣王问曰："交邻国有道乎?"孟子对曰："有。惟仁者为能以大事小，是故汤事葛（gě），文王事昆夷;惟智者为能以小事大，故大（tài）王事獯

鬻（xūn yù），勾践事吴。以大事小者，乐天者也；以小事大者，畏天者也。乐天者保天下，畏天者保其国。《诗》云：'畏天之威，于时保之。'"

王曰："大哉言矣！寡人有疾，寡人好勇。"对曰："王请无好小勇。夫抚剑疾视曰：'彼恶（wū）敢当我哉！'此匹夫之勇，敌一人者也。王请大之！《诗》云：'王赫斯怒，爰（yuán）整其旅，以遏（è）徂莒（cú jǔ），以笃周祜（hù），以对于天下。'此文王之勇也。文王一怒而安天下之民。《书》曰：

'天降下民，作之君，作之师。惟曰其助上帝宠之。四方有罪无罪，惟我在，天下曷（hé）敢有厥（jué）志？'一人衡行于天下，武王耻之，此武王之勇也。而武王亦一怒而安天下之民。今王亦一怒而安天下之民，民惟恐王之不好勇也。"

齐宣王见孟子于雪宫。王曰："贤者亦有此乐乎？"孟子对曰："有。人不得则非其上矣。不得而非其上者，非也；为民上而不与民同乐者，亦非也。乐民之乐者，民亦乐其乐；忧民之忧者，民亦忧其忧。乐以天下，忧以天下，然而不王者，未之有也。昔者齐景公问于晏子曰：'吾欲观于转附（zhuǎn fù）、朝儛（cháo wǔ），遵海而南，放（fǎng）于琅邪（láng yá）。吾何修而可以比于先王观也?'晏子对曰：'善哉问也！天子适诸侯曰巡狩，巡狩者，巡所守也；诸侯朝于天子曰述职，述职者，述所职也。无非事者，春省（xǐng）耕而补不足，秋省（xǐng）敛而助不给（jǐ）。'夏谚曰：'吾王不游，吾何以休? 吾王不豫，吾何以助? 一游一豫，为诸侯度。'‘今也不然：师行而粮食，饥者弗食，劳者弗息。睊睊（juàn）胥（xū）谗，民乃作慝（tè）。方命虐民，饮食若流。流连荒亡，为诸侯忧。从流下而忘反谓之流，从流上而忘反谓之连，从兽无厌谓之荒，乐酒无厌谓之亡。先王无流连之乐、荒亡之行。惟君所行也。'景公说（yuè），大戒于国，出舍于郊。于是始兴发补不足。召大师曰：‘为我作君臣相说之乐！'盖《徵招》（zhǐ sháo）、《角招》（jué sháo）是也。其《诗》曰：‘畜君何尤？'

畜君者，好君也。"

齐宣王问曰："人皆谓我毁明堂。毁诸？已乎？"孟子对曰："夫明堂者，王者之堂也。王欲行王政，则勿毁之矣。"王曰："王政可得闻与？"对曰："昔者文王之治岐也，耕者九一，仕者世禄，关市讥而不征，泽梁无禁，罪人不孥（nú）。老而无妻曰鳏（guān），老而无夫曰寡，老而无子曰独，幼而无父曰孤。此四者，天下之穷民而无告者。文王发政施仁，必先斯四者。《诗》云：'哿（gě）矣富人，哀此茕（qióng）

独。'"王曰："善哉言乎！"

曰："王如善之，则何为不行？"王曰："寡人有疾，寡人好货。"对曰："昔者公刘好货。《诗》云：'乃积乃仓，乃裹糇（hóu）粮，于橐（tuó）于囊，思戢（jí）用光。弓矢斯张，干戈戚扬，爰（yuán）方启行。'故居者有积仓，行者有裹囊也，然后可以爰方启行。王如好货，与百姓同之，于王何有？"

王曰："寡人有疾，寡人好色。"对曰："昔者大（tài）王好色，爱厥妃。《诗》云：'古公亶（dǎn）父，来朝走马，率西水浒，至于岐下。爰及姜女，聿（yù）来胥宇。'当是时也，内无怨女，外无旷夫。王如好色，与百姓同之，于王何有？"

孟子谓齐宣王曰："王之臣有托其妻子于其友，而之楚游者。比（bì）其反也，则冻馁（něi）其妻子，则如之何？"王曰："弃之。"

曰："士师不能治士，则如之何？"王曰："已之。"

曰："四境之内不治，则如之何？"王顾左右而言他。

　　孟子见齐宣王曰："所谓故国者，非谓有乔木之谓也，有世臣之谓也。王无亲臣矣。昔者所进，今日不知其亡也。"

　　王曰："吾何以识其不才而舍之？"

　　曰："国君进贤，如不得已，将使卑逾（yú）尊，疏逾戚，可不慎与？左右皆曰贤，未可也；诸大夫皆曰贤，未可也；国人皆曰贤，然后察之；见贤焉，然后用之。左右皆曰不可，勿听；诸大夫皆曰不可，勿听；国人皆曰不可，然后察之；见不可焉，然后去之。

左右皆曰可杀，勿听；诸大夫皆曰可杀，勿听；国人皆曰可杀，然后察之；见可杀焉，然后杀之，故曰：国人杀之也。如此，然后可以为民父母。"

齐宣王问曰："汤放桀，武王伐纣，有诸？"孟子对曰："于传有之。"

曰："臣弑其君，可乎？"

曰："贼仁者谓之贼，贼义者谓之残，残贼之人，谓之一夫。闻诛一夫纣矣，未闻弑君也。"

孟子谓齐宣王曰："为巨室，则必使工师求大木。工师得大木，则王喜，以为能胜其任也。匠人斫（zhuó）而小之，则王怒，以为不胜其任矣。夫人幼而学之，壮而欲行之。王曰：'姑舍女（rǔ）所学而从我'，则何如？今有璞（pú）玉于此，虽万镒（yì），必使玉人雕琢之。至于治国家，则曰：'姑舍女所学而从我'，则何以异于教玉人雕琢玉哉？"

齐人伐燕，胜之。宣王问曰："或谓寡人勿取，或谓寡人取之。以万乘之国伐万乘之国，五旬而举之，人力不至于此。不取，必有天殃。取之，何如？"

孟子对曰："取之而燕民悦，则取之。古之人有行之者，武王是也。取之而燕民不悦，则勿取。古之人有行之者，文王是也。以万乘之国伐万乘之国，箪食（dān sì）壶浆，以迎王师，岂有他哉？避水火也。如水益深，如火益热，亦运而已矣。"

齐人伐燕，取之。诸侯将谋救燕。宣王曰："诸侯多谋伐寡人者，何以待之？"

孟子对曰："臣闻七十里为政于天下者，汤是也。未闻以千里畏人者也。

《书》曰：'汤一征，自葛始。'天下信之。东面而征，西夷怨；南面而征，北狄怨。曰'奚为后我'？民望之，若大旱之望云霓（ní）也。归市者不止，耕者不变。诛其君而吊其民，若时雨降，民大悦。《书》曰：'徯（xī）我后，后来其苏。'今燕虐其民，王往而征之。民以为将拯己于水火之中也，箪食壶浆，以迎王师。若杀其父兄，系累（léi）其子弟，毁其宗庙，迁其重器，如之何其可也？天下固畏齐之强也，今又倍地而不行仁政，是动天下之兵也。王速出令，反其旄倪（mào ní），止其重器，谋于燕众，置君而后去之，则犹可及止也。”

邹与鲁鬨（hòng）。穆公问曰：“吾有司死者三十三人，而民莫之死也。诛之，则不可胜诛；不诛，则疾视其长上之死而不救，如之何则可也?”

孟子对曰：“凶年饥岁，君之民老弱转乎沟壑，壮者散而之四方者，几（jí）千人矣；而君之仓廪（lǐn）实，府库充，有司莫以告，是上慢而残下也。曾子曰：‘戒之戒之！出乎尔者，反乎尔者也。'夫民今而后得反之也,君无尤焉。君行仁政,斯民亲其上、死其长矣。"

滕文公问曰:"滕,小国也,间(jiàn)于齐、楚。事齐乎?事楚乎?"孟子对曰:"是谋非吾所能及也。无已,则有一焉:凿斯池也,筑斯城也,与民守之,效死而民弗去,则是可为也。"

滕文公问曰:"齐人将筑薛,吾甚恐。如之何则可?"

孟子对曰:"昔者大(tài)王居豳(bīn),狄人侵之,去之岐山之下居焉，非择而取之，不得已也。苟为善，后世子孙必有王者矣。君子创业垂统，为可继也。若夫成功，则天也。君如彼何哉？强（qiǎng）为善而已矣。"

滕文公问曰："滕，小国也。竭力以事大国，则不得免焉。如之何则可？"

孟子对曰："昔者大王居豳（bīn），狄人侵之。事之以皮币，不得免焉；事之以犬马，不得免焉；事之以珠玉，不得免焉。乃属（zhǔ）其耆（qí）老而告之曰：'狄人之所欲者，吾土地也。吾闻之也，君子不以其所以养人者害

人。二三子何患乎无君？我将去之。'
去豳，逾梁山，邑于岐山之下居焉。豳
人曰：'仁人也，不可失也。'从之者如
归市。或曰：'世守也，非身之所能为
也。效死勿去。'君请择于斯二者。"

鲁平公将出。嬖（bì）人臧（zāng）
仓者请曰："他日君出，则必命有司所
之。今乘舆已驾矣，有司未知所之，敢
请。"公曰："将见孟子。"

曰："何哉？君所为轻身以先于匹
夫者，以为贤乎？礼义由贤者出，而孟
子之后丧逾前丧。君无见焉！"公曰：

"诺。"

乐（yuè）正子入见，曰："君奚为不见孟轲也？"曰："或告寡人曰：'孟子之后丧逾前丧'，是以不往见也。"

曰："何哉，君所谓逾者？前以士，后以大夫；前以三鼎，而后以五鼎与？"曰："否。谓棺椁（guǒ）衣衾（qīn）之美也。"

曰："非所谓逾也，贫富不同也。"乐正子见孟子，曰："克告于君，君为来见也。嬖人有臧仓者沮（jǔ）君，君是以不果来也。"

曰：“行，或使之；止，或尼（nì）之。行止，非人所能也。吾之不遇鲁侯，天也。臧氏之子焉能使予不遇哉？”

公孙丑上

公孙丑问曰:"夫子当路于齐,管仲、晏子之功,可复许乎?"

孟子曰:"子诚齐人也,知管仲、晏子而已矣!或问乎曾西曰:'吾子与子路孰贤?'曾西蹙(cù)然曰:'吾先子之所畏也。'曰:'然则吾子与管仲孰贤?'曾西艴(fú)然不悦,曰:'尔何曾比予于管仲?管仲得君,如彼其专也;行乎国政,如彼其久也;功烈,如彼其卑也。尔何曾比予于是?'"

曰:"管仲,曾西之所不为也,而子为我愿之乎?"

曰："管仲以其君霸，晏子以其君显。管仲、晏子犹不足为与？"

曰："以齐王（wàng），由反手也。"

曰："若是，则弟子之惑滋甚。且以文王之德，百年而后崩，犹未洽于天下；武王、周公继之，然后大行。今言王（wàng）若易然，则文王不足法与？"

曰："文王何可当也？由汤至于武丁，贤圣之君六七作。天下归殷久矣，久则难变也。武丁朝诸侯，有天下，犹运之掌也。纣之去武丁未久也，其故家遗俗，流风善政，犹有存者；又有微

子、微仲、王子比干、箕（jī）子、膠
鬲（jiāo gé），皆贤人也，相（xiāng）
与辅相（xiàng）之，故久而后失之
也。尺地莫非其有也，一民莫非其臣
也，然而文王犹方百里起，是以难也。
齐人有言曰：'虽有智慧，不如乘势；虽
有镃（zī）基，不如待时。'今时则易
然也。夏后、殷、周之盛，地未有过
千里者也，而齐有其地矣；鸡鸣狗吠相
闻，而达乎四境，而齐有其民矣。地
不改辟矣，民不改聚矣，行仁政而王
（wàng），莫之能御也。且王者之不

作，未有疏于此时者也；民之憔悴于虐政，未有甚于此时者也。饥者易为食，渴者易为饮。孔子曰：'德之流行，速于置邮而传命。'当今之时，万乘之国行仁政，民之悦之，犹解倒悬也。故事半古之人，功必倍之，惟此时为然。"

公孙丑问曰："夫子加齐之卿相，得行道焉，虽由此霸王不异矣。如此，则动心否乎？"

孟子曰："否。我四十不动心。"

曰："若是，则夫子过孟贲（bēn）远矣？"

曰："是不难，告子先我不动心。"

曰："不动心有道乎？"

曰："有。北宫黝（yōu）之养勇也，不肤挠（náo），不目逃，思以一毫挫（cuò）于人，若挞（tà）之于市朝，不受于褐（hè）宽博，亦不受于万乘之君。视刺万乘之君，若刺褐夫，无严诸侯，恶声至，必反之。孟施舍之所养勇也，曰：'视不胜犹胜也。量敌而后进，虑胜而后会，是畏三军者也。舍岂能为必胜哉？能无惧而已矣。'孟施舍似曾子，北宫黝似子夏。夫二子之勇，未知其孰贤，然而孟施舍守约也。昔者曾子谓子襄曰：'子好勇乎？吾尝闻大勇于夫子矣：自反而不缩，虽褐宽博，吾不惴（zhuì）焉；自反而缩，虽千万人，吾往矣。'孟施舍之守气，又不如曾子之守约也。"

曰："敢问夫子之不动心，与告子之不动心，可得闻与？"

"告子曰：'不得于言，勿求于心；不得于心，勿求于气。'不得于心，勿求于气，可；不得于言，勿求于心，不可。夫志，气之帅也；气，体之充也。

夫志至焉，气次焉。故曰：'持其志，无暴其气。'"

"既曰'志至焉，气次焉'，又曰'持其志，无暴其气'者，何也？"

曰："志壹则动气，气壹则动志也。今夫蹶（jué）者趋者，是气也，而反动其心。"

"敢问夫子恶乎长？"

曰："我知言，我善养吾浩然之气。"

"敢问何谓浩然之气？"

曰："难言也。其为气也，至大至

刚，以直养而无害，则塞于天地之间。其为气也，配义与道；无是，馁矣。是集义所生者，非义袭而取之也。行有不慊（qiè）于心，则馁矣。我故曰，告子未尝知义，以其外之也。必有事焉而勿正，心勿忘，勿助长也。无若宋人然：宋人有闵（mǐn）其苗之不长而揠（yà）之者，芒芒然归。谓其人曰：'今日病矣，予助苗长矣。'其子趋而往视之，苗则槁（gǎo）矣。天下之不助苗长者寡矣。以为无益而舍之者，不耘苗者也；助之长者，揠苗者也。非徒无益，而又害之。"

"何谓知言？"

曰："诐（bì）辞知其所蔽，淫辞知其所陷，邪辞知其所离，遁辞知其所穷。生于其心，害于其政；发于其政，害于其事。圣人复起，必从吾言矣。"

"宰我、子贡善为说辞，冉牛、闵子、颜渊善言德行。孔子兼之，曰：'我于辞命，则不能也。'然则夫子既圣矣乎？"

曰："恶（wū）！是何言也？昔者子贡问于孔子曰：'夫子圣矣乎？'孔子

曰：'圣则吾不能，我学不厌而教不倦也。'子贡曰：'学不厌，智也；教不倦，仁也。仁且智，夫子既圣矣！'夫圣，孔子不居，是何言也？"

"昔者窃闻之：子夏、子游、子张皆有圣人之一体，冉牛、闵子、颜渊则具体而微。敢问所安？"

曰："姑舍是。"

曰："伯夷、伊尹何如？"

曰："不同道。非其君不事，非其民不使；治则进，乱则退，伯夷也。何事非君，何使非民；治亦进，乱亦进，伊尹也。可以仕则仕，可以止则止，可以久则久，可以速则速，孔子也。皆古圣人也，吾未能有行焉；乃所愿，则学孔子也。"

"伯夷、伊尹于孔子，若是班乎？"

曰："否。自有生民以来，未有孔子也。"

曰："然则有同与？"

曰："有。得百里之地而君之，皆能以朝诸侯，有天下；行一不义，杀一不辜而得天下，皆不为也。是则同。"

曰："敢问其所以异？"

日："宰我、子贡、有若智足以知圣
人。污，不至阿（ē）其所好。宰我曰：
'以予观于夫子，贤于尧舜远矣。'子贡
曰：'见其礼而知其政，闻其乐而知其
德。由百世之后，等百世之王，莫之能
违也。自生民以来，未有夫子也。'有
若曰：'岂惟民哉？麒麟之于走兽，凤凰
之于飞鸟，太山之于丘垤（dié），河海
之于行（háng）潦（lǎo），类也。圣
人之于民，亦类也。出于其类，拔乎其
萃，自生民以来，未有盛于孔子也。'"

孟子曰："以力假仁者霸，霸必有

大国，以德行仁者王，王不待大。汤以七十里，文王以百里。以力服人者，非心服也，力不赡也；以德服人者，中心悦而诚服也，如七十子之服孔子也。《诗》云：'自西自东，自南自北，无思不服。'此之谓也。"

孟子曰："仁则荣，不仁则辱。今恶（wù）辱而居不仁，是犹恶湿而居下也。如恶之，莫如贵德而尊士。贤者在位，能者在职。国家闲暇，及是时，明其政刑，虽大国，必畏之矣。《诗》云：'迨（dài）天之未阴雨，彻彼桑土（dù），绸缪（móu）牖（yǒu）户。今此下民，或敢侮予?' 孔子曰：'为此诗者，其知道乎!' 能治其国家，谁敢侮之? 今国家闲暇，及是时，般乐（pán lè）怠敖，是自求祸也。祸福无不自己求之者。《诗》云：'永言配命，自求多福。'《太甲》曰：'天作孽，犹可违; 自作孽，不可活。' 此之谓也。"

孟子曰："尊贤使能，俊杰在位，则天下之士皆悦而愿立于其朝矣。市，廛（chán）而不征，法而不廛，则天下之商皆悦而愿藏于其市矣。关，讥而不征，则天下之旅皆悦而愿出于其路矣。耕者，助而不税，则天下之农皆悦而愿耕于其野矣。廛，无夫里之布，则天下之民皆悦而愿为之氓（méng）矣。信能行此五者，则邻国之民仰之若父母矣。率其子弟，攻其父母，自生民以来，未有能济者也。如此，则无敌于天下。无敌于天下者，天吏也。然而不王者，未之有也。"

孟子曰："人皆有不忍人之心。先王有不忍人之心，斯有不忍人之政矣。以不忍人之心，行不忍人之政，治天下可运之掌上。所以谓人皆有不忍人之心者，今人乍见孺子将入于井，皆有怵（chù）惕恻隐之心。非所以内（nà）交于孺子之父母也，非所以要（yāo）誉于乡党朋友也，非恶其声而然也。由是观之，无恻隐之心，非人也；无羞恶之心，非人也；无辞让之心，非人也；无是非之心，非人也。恻隐之心，仁之端也；羞恶之心，义之端也；辞让之心，礼之端也；是非之心，智之端也。人之有是四端也，犹其有四体也。有是四端而自谓不能者，自贼者也；谓其君不

能者，贼其君者也。凡有四端于我者，知皆扩而充之矣，若火之始然，泉之始达。苟能充之，足以保四海；苟不充之，不足以事父母。"

孟子曰："矢人岂不仁于函人哉？矢人唯恐不伤人，函人唯恐伤人。巫匠亦然，故术不可不慎也。孔子曰：'里仁为美。择不处仁，焉得智？'夫仁，天之尊爵也，人之安宅也。莫之御而不仁，是不智也。不仁、不智、无礼、无义，人役也。人役而耻为役，由弓人而耻为弓，矢人而耻为矢也。如耻之，莫如为仁。仁者如射，射者正己而后发。发而不中，不怨胜己者，反求诸己而已矣。"

孟子曰："子路，人告之以有过则喜。禹闻善言则拜。大舜有大焉，善与人同。舍己从人，乐取于人以为善。自耕、稼、陶、渔以至为帝，无非取于人者。取诸人以为善，是与人为善者也。故君子莫大乎与人为善。"

孟子曰："伯夷，非其君不事，非其友不友。不立于恶人之朝，不与恶人言。立于恶人之朝，与恶人言，如以朝衣朝冠坐于涂炭。推恶（wù）恶（è）

之心，思与乡人立，其冠不正，望望然去之，若将浼（měi）焉。是故诸侯虽有善其辞命而至者，不受也。不受也者，是亦不屑就已。柳下惠，不羞污君，不卑小官。进不隐贤，必以其道。遗佚而不怨，厄（è）穷而不悯。故曰：'尔为尔，我为我，虽袒裼（tǎn xī）裸裎（chéng）于我侧，尔焉能浼我哉?' 故由由然与之偕而不自失焉，援而止之而止。援而止之而止者，是亦不屑去已。"

孟子曰："伯夷隘（ài），柳下惠不恭。隘与不恭，君子不由也。"

公孙丑下

　　孟子曰："天时不如地利，地利不如人和。三里之城，七里之郭，环而攻之而不胜。夫环而攻之，必有得天时者矣，然而不胜者，是天时不如地利也。城非不高也，池非不深也，兵革非不坚利也，米粟（sù）非不多也，委而去之，是地利不如人和也。故曰：域民不以封疆之界，固国不以山溪之险，威天下不以兵革之利。得道者多助，失道者寡助。寡助之至，亲戚畔（pàn）之；多助之至，天下顺之。以天下之所顺，攻亲戚之所畔；故君子有不战，战必胜矣。"

孟子将朝王。王使人来曰："寡人如就见者也，有寒疾，不可以风，朝，将视朝，不识可使寡人得见乎？"对曰："不幸而有疾，不能造朝。"

明日，出吊于东郭氏。公孙丑曰："昔者辞以病，今日吊，或者不可乎？"曰："昔者疾，今日愈，如之何不吊？"

王使人问疾，医来。孟仲子对曰："昔者有王命，有采薪之忧，不能造朝。今病小愈，趋造于朝，我不识能至否乎？"使数人要（yāo）于路，曰："请必无归，而造于朝。"不得已而之景丑氏宿焉。

景子曰：“内则父子，外则君臣，人之大伦也。父子主恩，君臣主敬。丑见王之敬子也，未见所以敬王也。”

曰：“恶（wū）！是何言也！齐人无以仁义与王言者，岂以仁义为不美也？其心曰：‘是何足与言仁义也！’云尔，则不敬莫大乎是。我非尧舜之道不敢以陈于王前，故齐人莫如我敬王也。”

景子曰：“否，非此之谓也。《礼》曰：‘父召，无诺。’‘君命召，不俟（sì）驾。’固将朝也，闻王命而遂不果，宜

与夫《礼》若不相似然。"

曰："岂谓是与？曾子曰：'晋楚之富，不可及也。彼以其富，我以吾仁；彼以其爵，我以吾义，吾何慊（qiàn）乎哉？'夫岂不义而曾子言之？是或一道也。天下有达尊三：爵一，齿一，德一。朝廷莫如爵，乡党莫如齿，辅世长民莫如德。恶（wū）得有其一以慢其二哉？故将大有为之君，必有所不召之臣。欲有谋焉，则就之。其尊德乐道，不如是不足与有为也。故汤之于伊尹，学焉而后臣之，故不劳而王（wàng）；

桓公之于管仲，学焉而后臣之，故不劳
而霸。今天下地丑德齐，莫能相尚。无
他，好臣其所教，而不好臣其所受教。
汤之于伊尹，桓公之于管仲，则不敢
召。管仲且犹不可召，而况不为管仲
者乎？"

　　陈臻（zhēn）问曰："前日于齐，
王馈兼金一百而不受；于宋，馈七十镒
（yì）而受；于薛，馈五十镒而受。前
日之不受是，则今日之受非也；今日之
受是，则前日之不受非也。夫子必居一
于此矣。"

孟子曰："皆是也。当在宋也，予将有远行。行者必以赆（jìn），辞曰：'馈赆。'予何为不受？当在薛也，予有戒心，辞曰：'闻戒。'故为兵馈之，予何为不受？若于齐，则未有处也。无处而馈之，是货之也。焉有君子而可以货取乎？"

孟子之平陆，谓其大夫曰："子之持戟（jǐ）之士，一日而三失伍，则去之否乎？"曰："不待三。"

"然则子之失伍也亦多矣。凶年饥岁，子之民，老羸（léi）转于沟壑，壮者散而之四方者，几（jī）千人矣。"曰：
"此非距心之所得为也。"

曰："今有受人之牛羊而为之牧之
者，则必为之求牧与刍（chú）矣。求
牧与刍而不得，则反诸其人乎？抑亦立
而视其死与？"曰："此则距心之罪也。"

他日，见于王曰："王之为都（dū）
者，臣知五人焉。知其罪者，惟孔距
心。为王诵之。"王曰："此则寡人之
罪也。"

孟子谓蚳鼃（chí wā）曰："子之
辞灵丘而请士师，似也，为其可以言

也。今既数月矣，未可以言与？"蚳鼃谏于王而不用，致为臣而去。齐人曰："所以为蚳鼃，则善矣；所以自为，则吾不知也。"公都子以告。曰："吾闻之也：有官守者，不得其职则去；有言责者，不得其言则去。我无官守，我无言责也，则吾进退，岂不绰绰（chuò）然有余裕哉？"

孟子为卿于齐，出吊于滕，王使盖（gě）大夫王驩（huān）为辅行。王驩朝暮见，反齐、滕之路，未尝与之言行事也。公孙丑曰："齐卿之位，不为小矣；齐、滕之路，不为近矣。反之而未尝与言行事，何也?”曰：“夫既或治之，予何言哉?”

孟子自齐葬于鲁，反于齐，止于嬴（yíng）。充虞请曰：“前日不知虞之不肖，使虞敦（dūn）匠事。严，虞不敢请。今愿窃有请也，木若以美然。”曰："古者棺椁（guǒ）无度，中古，棺七寸，椁称（chèn）之。自天子达于庶人，非直为观美也，然后尽于人心。不得，不可以为悦；无财，不可以为悦。得之为有财，古之人皆用之，吾何为独不然？且比（bì）化者，无使土亲肤，于人心独无恔（xiào）乎？吾闻之也，君子不以天下俭其亲。"

沈同以其私问曰："燕可伐与？"孟子曰："可，子哙（kuài）不得与人燕，子之不得受燕于子哙。有仕于此，而子悦之，不告于王而私与之吾子之禄爵；夫士也，亦无王命而私受之于子，则可乎？何以异于是？"

齐人伐燕。

或问曰："劝齐伐燕，有诸？"曰："未也。沈同问：'燕可伐与？'吾应之曰：'可。'彼然而伐之也。彼如曰：'孰可以伐之？'则将应之曰：'为天吏，则可以伐之。'今有杀人者，或问之曰：'人可杀与？'则将应之曰：'可。'彼如曰：'孰可以杀之？'则将应之曰：'为士师，则可以杀之。'今以燕伐燕，何为劝之哉！"

燕人畔。王曰："吾甚惭于孟子。"

陈贾曰："王无患焉。王自以为与周公孰仁且智？"王曰："恶！是何言也！"

曰："周公使管叔监殷，管叔以殷

畔。知而使之，是不仁也；不知而使之，是不智也。仁、智，周公未之尽也，而况于王乎？贾请见而解之。"见孟子问曰："周公何人也？"

曰："古圣人也。"曰："使管叔监殷，管叔以殷畔也，有诸？"曰："然。"

曰："周公知其将畔而使之与？"曰："不知也。"

"然则圣人且有过与？"

曰："周公，弟也；管叔，兄也。周公之过，不亦宜乎？且古之君子，过则改之；今之君子，过则顺之。古之君子，其过也如日月之食，民皆见之；及其更也，民皆仰之。今之君子，岂徒顺之，又从为之辞。”

孟子致为臣而归。王就见孟子，曰：“前日愿见而不可得，得侍同朝，甚喜。今又弃寡人而归，不识可以继此而得见乎？”对曰：“不敢请耳，固所愿也。”

他日，王谓时子曰：“我欲中国而授孟子室，养弟子以万钟，使诸大夫国人皆有所矜（jīn）式。子盍（hé）为我言之？”时子因陈子而以告孟子，陈子以时子之言告孟子。

孟子曰："然。夫时子恶（wū）知其不可也？如使予欲富，辞十万而受万，是为欲富乎？季孙曰：'异哉！子叔疑。'使己为政，不用，则亦已矣，又使其子弟为卿。人亦孰不欲富贵？而独于富贵之中，有私龙（lǒng）断焉。古之为市也，以其所有易其所无者，有司者治之耳。有贱丈夫焉，必求龙断而登之，以左右望而罔（wǎng）市利。人皆以为贱，故从而征之。征商自此贱丈夫始矣。"

孟子去齐，宿于昼。有欲为王留行者，坐而言，不应，隐（yìn）几而卧。客不悦，曰："弟子齐（zhāi）宿而后敢言，夫子卧而不听，请勿复敢见矣。"

曰："坐！我明语（yù）子。昔者鲁缪（mù）公无人乎子思之侧，则不能安子思；泄柳、申详，无人乎缪公之侧，则不能安其身。子为长者虑，而不及子思，子绝长者乎？长者绝子乎？"

孟子去齐。尹士语（yù）人曰："不识王之不可以为汤武，则是不明也；识其不可，然且至，则是干泽也。千里而见王，不遇故去，三宿而后出昼，是何濡（rú）滞也？士则兹不悦。"高子以告。

曰："夫尹士恶知予哉？千里而见王，是予所欲也；不遇故去，岂予所欲哉？予不得已也。予三宿而出昼，于予心犹以为速。王庶几改之。王如改诸，则必反予。夫出昼而王不予追也，予然后浩然有归志。予虽然，岂舍王哉？王由足用为善，王如用予，则岂徒齐民安？天下之民举安。王庶几改之，予日望之。予岂若是小丈夫然哉？谏于其君而不受，则怒，悻悻（xìng）然见于其面，去则穷日之力而后宿哉！"尹士闻之曰："士诚小人也。"

孟子去齐。充虞路问曰："夫子若有不豫色然。前日虞闻诸夫子曰：'君子不怨天，不尤人。'"

曰："彼一时，此一时也。五百年必有王者兴，其间必有名世者。由周而来，七百有余岁矣。以其数则过矣，以其时考之则可矣。夫天未欲平治天下也，如欲平治天下，当今之世，舍我其谁也？吾何为不豫哉！"

孟子去齐，居休。公孙丑问曰："仕而不受禄，古之道乎？"

曰："非也。于崇，吾得见王。退而有去志，不欲变，故不受也。继而有师命，不可以请，久于齐，非我志也。"

告 子 上

告子曰："性，犹杞（qǐ）柳也；义，犹桮棬（bēi quān）也。以人性为仁义，犹以杞柳为桮棬。"

孟子曰："子能顺杞柳之性而以为桮棬乎？将戕（qiāng）贼杞柳而后以为桮棬也？如将戕贼杞柳而以为桮棬，则亦将戕贼人以为仁义与？率天下之人而祸仁义者，必子之言夫！"

告子曰："性犹湍（tuān）水也，决诸东方则东流，决诸西方则西流。人性之无分于善不善也，犹水之无分于东西也。"

孟子曰："水信无分于东西，无分于上下乎？人性之善也，犹水之就下也。人无有不善，水无有不下。今夫水，搏而跃之，可使过颡（sǎng）；激而行之，可使在山。是岂水之性哉？其势则然也。人之可使为不善，其性亦犹是也。"

告子曰："生之谓性。"

孟子曰："生之谓性也，犹白之谓白与？"曰："然。"

"白羽之白也，犹白雪之白；白雪之白，犹白玉之白与？"曰："然。""然则犬之性，犹牛之性；牛之性，犹人之性与？"

告子曰："食、色，性也。仁，内也，非外也；义，外也，非内也。"

孟子曰："何以谓仁内义外也？"

曰："彼长（zhǎng）而我长之，非有长于我也；犹彼白而我白之，从其白于外也，故谓之外也。"

曰："异于白马之白也，无以异于白人之白也；不识长马之长也，无以异于长人之长与？且谓长者义乎？长之者义乎？"

曰："吾弟则爱之，秦人之弟则不爱也，是以我为悦者也，故谓之内。长楚人之长，亦长吾之长，是以长为悦者也，故谓之外也。"

曰："耆（shì）秦人之炙（zhì），无以异于耆吾炙。夫物则亦有然者也，然则耆炙亦有外与？"

孟季子问公都子曰："何以谓义内也？"

曰："行吾敬，故谓之内也。"

"乡人长于伯兄一岁，则谁敬？"曰："敬兄。"

"酌则谁先?"曰:"先酌乡人。"

"所敬在此,所长在彼,果在外,非由内也。"公都子不能答,以告孟子。

孟子曰:"敬叔父乎?敬弟乎?彼将曰:'敬叔父。'曰:'弟为尸,则谁敬?'彼将曰:'敬弟。'子曰:'恶在其敬叔父也?'彼将曰:'在位故也。'子亦曰:'在位故也。庸敬在兄,斯须之敬在乡人。'"季子闻之,曰:"敬叔父则敬,敬弟则敬,果在外,非由内也。"公都子曰:"冬日则饮汤,夏日则饮水,然则饮食亦在外也?"

公都子曰："告子曰：'性无善无不善也。'或曰：'性可以为善，可以为不善；是故文、武兴，则民好善；幽、厉兴，则民好暴。'或曰：'有性善，有性不善；是故以尧为君而有象，以瞽瞍（gǔ sǒu）为父而有舜，以纣为兄之子且以为君，而有微子启、王子比干。'今曰'性善'，然则彼皆非与？"

孟子曰："乃若其情，则可以为善矣，乃所谓善也。若夫为不善，非才之罪也。恻隐之心，人皆有之；羞恶之心，人皆有之；恭敬之心，人皆有之；

是非之心，人皆有之。恻隐之心，仁也；羞恶之心，义也；恭敬之心，礼也；是非之心，智也。仁义礼智，非由外铄（shuò）我也，我固有之也，弗思耳矣。故曰：'求则得之，舍则失之。'或相倍蓰（xǐ）而无算者，不能尽其才者也。《诗》曰：'天生蒸民，有物有则。民之秉夷，好是懿（yì）德。'孔子曰：'为此诗者，其知道乎！故有物必有则，民之秉夷也，故好是懿德。'"

孟子曰："富岁，子弟多赖（lǎn）；凶岁，子弟多暴，非天之降才尔殊也，其所以陷溺其心者然也。今夫麰（móu）麦，播种而耰（yōu）之，其地同，树之时又同，浡（bó）然而生，至于日至之时，皆熟矣。虽有不同，则地有肥硗（qiāo），雨露之养，人事之不齐也。故凡同类者，举相似也，何独至于人而疑之？圣人与我同类者。故龙子曰：'不知足而为屦（jù），我知其不为蒉（kuì）也。'屦之相似，天下之足同也。口之于味，有同耆（shì）也。易牙先得我口之所耆者也。如使口之于味也，其性与人殊，若犬马之与我不同类也，则天下何者皆从易牙之于味也？至于味，天下期于易牙，是天下之口相似也。惟耳亦然。至于声，天下期于师旷，是天下之耳相似也。惟目亦然。至于子都，天下莫不知其姣（jiāo）也。不知子都之姣者，无目者也。故曰：口之于味也，有同耆焉；耳之于声也，有同听焉；目之于色也，有同美焉。至于心，独无所同然乎？心之所同然者何也？谓理也、义也。圣人先得我心之所同然耳。故理义之悦我心，犹刍豢（chú huàn）之悦我口。"

　　孟子曰："牛山之木尝美矣，以其郊于大国也，斧斤伐之，可以为美乎？是其日夜之所息，雨露之所润，非无萌蘖（niè）之生焉，牛羊又从而牧之，是以若彼濯（zhuó）濯也。人见其濯濯也，以为未尝有材焉，此岂山之性也哉？虽存乎人者，岂无仁义之心哉？其所以放其良心者，亦犹斧斤之于木也，旦旦而伐之，可以为美乎？其日夜之所息，平旦之气，其好恶与人相近也者几希，则其旦昼之所为，有（yòu）梏（gù）亡之矣。梏之反覆，则其夜气不足以存；夜气不足以存，则其违禽兽不远矣。人见其禽兽也，而以为未尝有才焉者，是岂人之情也哉？故苟得其养，无物不长；苟失其养，无物不消。孔子曰：'操则存，舍则亡；出入无时，莫知其乡（xiàng）。'惟心之谓与？"

孟子曰："无或乎王之不智也，虽有天下易生之物也，一日暴（pù）之，十日寒之，未有能生者也。吾见亦罕矣，吾退而寒之者至矣，吾如有萌焉，何哉？今夫弈之为数，小数也；不专心致志，则不得也。弈秋，通国之善弈者也。使弈秋诲二人弈，其一人专心致志，惟弈秋之为听。一人虽听之，一心以为有鸿鹄将至，思援弓缴（zhuó）而射之，虽与之俱学，弗若之矣。为是其智弗若与？曰：非然也。"

孟子曰："鱼，我所欲也；熊掌，亦我所欲也，二者不可得兼，舍鱼而取熊掌者也。生，亦我所欲也；义，亦我所欲也，二者不可得兼，舍生而取义者也。生亦我所欲，所欲有甚于生者，故不为苟得也；死亦我所恶，所恶有甚于死者，故患有所不辟也。如使人之所欲莫甚于生，则凡可以得生者，何不用也？使人之所恶莫甚于死者，则凡可以辟患者，何不为也？由是则生而有不用也，由是则可以辟患而有不为也。是故所欲有甚于生者，所恶有甚于死者，非独贤者有是心也，人皆有之，贤者能勿丧耳。一箪（dān）食，一豆羹，得之则生，弗得则死。嘑（hū）尔而与之，行道之人弗受；蹴（cù）尔而与之，乞人不屑也。万钟则不辨礼义而受之。万钟于我何加焉？为宫室之美，妻妾之奉，所识穷乏者得我与？乡（xiàng）

为身死而不受，今为宫室之美为之；乡为身死而不受，今为妻妾之奉为之；乡为身死而不受，今为所识穷乏者得我而为之，是亦不可以已乎？此之谓失其本心。”

孟子曰："仁，人心也；义，人路也。舍其路而弗由，放其心而不知求，哀哉！人有鸡犬放，则知求之；有放心，而不知求。学问之道无他，求其放心而已矣。"

孟子曰："今有无名之指，屈而不信（shēn），非疾痛害事也，如有能信之者，则不远秦楚之路，为指之不若人也。指不若人，则知恶之；心不若人，则不知恶，此之谓不知类也。"

孟子曰："拱（gǒng）把之桐、梓，人苟欲生之，皆知所以养之者。至于身，而不知所以养之者，岂爱身不若桐梓哉？弗思甚也。"

孟子曰："人之于身也，兼所爱。兼所爱，则兼所养也。无尺寸之肤不爱焉，则无尺寸之肤不养也。所以考其善不善者，岂有他哉？于己取之而已矣。体有贵贱，有小大。无以小害大，无以贱害贵。养其小者为小人，养其大者为大人。今有场（cháng）师，舍其梧、槚（jiǎ），养其樲（èr）棘，则为贱场师焉。养其一指而失其肩背，而不知也，则为狼疾人也。饮食之人，则人贱之矣，为其养小以失大也。饮食之人无有失也，则口腹岂适为尺寸之肤哉？"

公都子问曰："钧是人也，或为大人，或为小人，何也？"

孟子曰："从其大体为大人，从其小体为小人。"

曰："钧（jūn）是人也，或从其大

体，或从其小体，何也?"

曰："耳目之官不思，而蔽于物，物交物，则引之而已矣。心之官则思，思则得之，不思则不得也。此天之所与我者。先立乎其大者，则其小者不能夺也。此为大人而已矣。"

孟子曰："有天爵者，有人爵者。仁义忠信，乐善不倦，此天爵也；公卿大夫，此人爵也。古之人修其天爵，而人爵从之。今之人修其天爵，以要（yāo）人爵；既得人爵，而弃其天爵，则惑之甚者也，终亦必亡而已矣。"

孟子曰："欲贵者，人之同心也。人人有贵于己者，弗思耳矣。人之所贵者，非良贵也。赵孟之所贵，赵孟能贱之。《诗》云：'既醉以酒，既饱以德。'言饱乎仁义也，所以不愿人之膏粱之味也；令闻（wèn）广誉施于身，所以不愿人之文绣也。"

孟子曰："仁之胜不仁也，犹水胜火。今之为仁者，犹以一杯水，救一车薪之火也，不熄，则谓之水不胜火。此又与于不仁之甚者也，亦终必亡而已矣。"

孟子曰："五谷者，种之美者也；苟为不熟，不如荑稗（tí bài）。夫仁亦在乎熟之而已矣。"

孟子曰："羿之教人射，必志于彀（gòu）；学者亦必志于彀。大匠诲人，必以规矩；学者亦必以规矩。"

告 子 下

任人有问屋庐子曰:"礼与食,孰重?"曰:"礼重。"

"色与礼,孰重?"曰:"礼重。"

曰:"以礼食,则饥而死;不以礼食,则得食,必以礼乎?亲迎,则不得妻;不亲迎,则得妻,必亲迎乎?"屋庐子不能对,明日之邹,以告孟子。

孟子曰:"於(wū)!答是也何有?不揣(chuǎi)其本而齐其末,方寸之木可使高于岑(cén)楼。金重于羽者,岂谓一钩金与一舆羽之谓哉?取食之重者,与礼之轻者而比之,奚翅食重?取色之重者，与礼之轻者而比之，奚翅色重？往应之曰：'绅（zhěn）兄之臂而夺之食，则得食；不绅，则不得食，则将绅之乎？逾东家墙而搂（lōu）其处子，则得妻；不搂，则不得妻，则将搂之乎？'"

曹交问曰："人皆可以为尧舜，有诸？"孟子曰："然。""交闻文王十尺，汤九尺。今交九尺四寸以长，食粟而已，如何则可？"

曰："奚有于是？亦为之而已矣。有人于此，力不能胜一匹雏（chú），

则为无力人矣。今日举百钧，则为有力人矣。然则举乌获之任，是亦为乌获而已矣。夫人岂以不胜为患哉？弗为耳。徐行后长者谓之弟（tì），疾行先长者谓之不弟。夫徐行者，岂人所不能哉？所不为也。尧舜之道，孝弟而已矣。子服尧之服，诵尧之言，行尧之行，是尧而已矣；子服桀之服，诵桀之言，行桀之行，是桀而已矣。"

曰："交得见于邹君，可以假馆，愿留而受业于门。"

曰："夫道，若大路然，岂难知哉？

人病不求耳。子归而求之，有余师。"

公孙丑问曰："高子曰：'《小弁（pán）》，小人之诗也。'"

孟子曰："何以言之？"曰："怨。"

曰："固哉，高叟之为诗也！有人于此，越人关弓而射之，则已谈笑而道之，无他，疏之也。其兄关（wān）弓而射之，则已垂涕泣而道之，无他，戚之也。《小弁》之怨，亲亲也。亲亲，仁也。固矣夫，高叟之为诗也。"

曰："《凯风》何以不怨？"

曰："《凯风》，亲之过小者也；《小

弁》，亲之过大者也。亲之过大而不怨，
是愈疏也；亲之过小而怨，是不可矶
（jī）也。愈疏，不孝也。不可矶，亦
不孝也。孔子曰：'舜其至孝矣，五十
而慕。'"

宋牼（kēng）将之楚，孟子遇于
石丘，曰："先生将何之？"

曰："吾闻秦楚构兵，我将见楚王
说（shuì）而罢之。楚王不悦，我将
见秦王说而罢之。二王我将有所遇焉。"

曰："轲也请无问其详，愿闻其指。
说之将何如？"

曰："我将言其不利也。"

曰："先生之志则大矣，先生之号则不可。先生以利说秦楚之王，秦楚之王悦于利，以罢三军之师，是三军之士乐罢而悦于利也。为人臣者怀利以事其君，为人子者怀利以事其父，为人弟者怀利以事其兄，是君臣、父子、兄弟终去仁义，怀利以相接，然而不亡者，未之有也。先生以仁义说秦楚之王，秦楚之王悦于仁义，而罢三军之师，是三军之士乐罢而悦于仁义也。为人臣者怀仁义以事其君，为人子者怀仁义以事

其父，为人弟者怀仁义以事其兄，是君臣、父子、兄弟去利，怀仁义以相接也，然而不王者，未之有也。何必曰利？"

孟子居邹（zōu）。季任为任处守，以币交，受之而不报。处于平陆，储子为相，以币交，受之而不报。他日，由邹之任，见季子；由平陆之齐，不见储子。屋庐子喜曰："连得间（jiàn）矣！"

问曰："夫子之任见季子，之齐不见储子，为其为相与？"

曰："非也。《书》曰：'享多仪，仪

不及物，曰不享。惟不役志于享。’为
其不成享也。”

屋庐子悦。或问之，屋庐子曰：
“季子不得之邹，储子得之平陆。”

淳于髡（kūn）曰：“先名实者，为
人也；后名实者，自为也。夫子在三卿
之中，名实未加于上下而去之，仁者固
如此乎？”

孟子曰：“居下位，不以贤事不肖
者，伯夷也；五就汤，五就桀者，伊尹
也；不恶污君，不辞小官者，柳下惠也。
三子者，不同道，其趋一也。一者何也？

曰：仁也。君子亦仁而已矣，何必同？"

曰："鲁缪（mù）公之时，公仪子为政，子柳、子思为臣，鲁之削（xuē）也滋甚。若是乎，贤者之无益于国也！"

曰："虞不用百里奚而亡，秦穆（mù）公用之而霸。不用贤则亡，削何可得与？"

曰："昔者王豹处于淇，而河西善讴（ōu）；绵驹处于高唐，而齐右善歌；华周、杞梁之妻善哭其夫，而变国俗。有诸内必形诸外，为其事而无其功者，髡未尝睹之也。是故无贤者也，有则髡必识之。"

曰："孔子为鲁司寇，不用，从而祭，燔（fán）肉不至，不税冕（tuō miǎn）而行。不知者以为为肉也，其知者以为为无礼也，乃孔子则欲以微罪行，不欲为苟去。君子之所为，众人固不识也。"

孟子曰："五霸者，三王之罪人也；今之诸侯，五霸之罪人也；今之大夫，今之诸侯之罪人也。天子适诸侯曰巡狩，诸侯朝于天子曰述职。春省耕而补不足，秋省敛而助不给。入其疆，土地

辟，田野治，养老尊贤，俊杰在位，则有庆，庆以地。入其疆，土地荒芜，遗老失贤，掊（póu）克在位，则有让。一不朝，则贬其爵；再不朝，则削其地；三不朝，则六师移之。是故天子讨而不伐，诸侯伐而不讨。五霸者，搂诸侯以伐诸侯者也。故曰：五霸者，三王之罪人也。五霸，桓公为盛。葵丘之会诸侯，束牲、载书而不歃（shà）血。初命曰：'诛不孝，无易树子，无以妾为妻。'再命曰：'尊贤育才，以彰有德。'三命曰：'敬老慈幼，无忘宾旅。'

四命曰：'士无世官，官事无摄，取士必得，无专杀大夫。'五命曰：'无曲防，无遏籴（dí），无有封而不告。'曰：'凡我同盟之人，既盟之后，言归于好。'今之诸侯，皆犯此五禁，故曰，今之诸侯，五霸之罪人也。长君之恶其罪小，逢君之恶其罪大。今之大夫，皆逢君之恶，故曰，今之大夫，今之诸侯之罪人也。"

鲁欲使慎子为将军。孟子曰："不教民而用之，谓之殃民。殃民者，不容于尧舜之世。一战胜齐，遂有南阳，然

且不可。"

慎子勃然不悦，曰："此则滑釐(gǔ
lí）所不识也。"

曰："吾明告子：天子之地方千里，
不千里，不足以待诸侯。诸侯之地方百
里，不百里，不足以守宗庙之典籍。周
公之封于鲁，为方百里也；地非不足，
而俭于百里。太公之封于齐也，亦为方
百里也；地非不足也，而俭于百里。今
鲁方百里者五，子以为有王者作，则鲁
在所损乎？在所益乎？徒取诸彼以与
此，然且仁者不为，况于杀人以求之

乎？君子之事君也，务引其君以当道，志于仁而已。"

孟子曰："今之事君者皆曰：'我能为君辟土地，充府库。'今之所谓良臣，古之所谓民贼也。君不乡道，不志于仁，而求富之，是富桀也。'我能为君约与国，战必克。'今之所谓良臣，古之所谓民贼也。君不乡（xiàng）道，不志于仁，而求为之强战，是辅桀也。由今之道，无变今之俗，虽与之天下，不能一朝（zhāo）居也。"

白圭曰："吾欲二十而取一，何如？"

孟子曰:"子之道,貉(mò)道也。万室之国,一人陶,则可乎?"

曰:"不可,器不足用也。"

曰:"夫貉,五谷不生,惟黍(shǔ)生之。无城郭、宫室、宗庙、祭祀之礼,无诸侯币帛饔飧(yōng sūn),无百官有司,故二十取一而足也。今居中国,去人伦,无君子,如之何其可也?陶以寡,且不可以为国,况无君子乎?欲轻之于尧舜之道者,大貉小貉也;欲重之于尧舜之道者,大桀小桀也。"

白圭曰："丹之治水也愈于禹。"孟子曰："子过矣。禹之治水，水之道也，是故禹以四海为壑，今吾子以邻国为壑。水逆行，谓之洚（jiàng）水。洚水者，洪水也，仁人之所恶也。吾子过矣。"

孟子曰："君子不亮，恶乎执？"

鲁欲使乐正子为政。孟子曰："吾闻之，喜而不寐。"

公孙丑曰："乐正子强乎？"曰："否。"

"有知（zhì）虑乎？"曰："否。"

"多闻识乎？"曰："否。"

"然则奚为喜而不寐?"曰:"其为人也好善。"

"好善足乎?"曰:"好善优于天下,而况鲁国乎?夫苟好善,则四海之内,皆将轻千里而来告之以善。夫苟不好善,则人将曰:'訑訑(yí),予既已知之矣。'訑訑之声音颜色,距人于千里之外。士止于千里之外,则谗谄(chǎn)面谀(yú)之人至矣。与谗谄面谀之人居,国欲治,可得乎?"

陈子曰:"古之君子何如则仕?"孟子曰:"所就三,所去三。迎之致敬以有礼，言将行其言也，则就之；礼貌未衰，言弗行也，则去之。其次，虽未行其言也，迎之致敬以有礼，则就之；礼貌衰，则去之。其下，朝不食，夕不食，饥饿不能出门户，君闻之曰：'吾大者不能行其道，又不能从其言也，使饥饿于我土地，吾耻之。'周之，亦可受也，免死而已矣。"

孟子曰："舜发于畎（quǎn）亩之中，傅说（yuè）举于版筑之间，膠鬲举于鱼盐之中，管夷吾举于士，孙叔敖举于海，百里奚举于市。故天将降大任

于斯人也，必先苦其心志，劳其筋骨，饿其体肤，空乏其身，行拂乱其所为，所以动心忍性，曾（zēng）益其所不能。人恒过，然后能改；困于心，衡于虑，而后作；征于色，发于声，而后喻。入则无法家拂（bì）士，出则无敌国外患者，国恒亡。然后知生于忧患，而死于安乐也。"

孟子曰："教亦多术矣，予不屑之教诲也者，是亦教诲之而已矣。"

责任编辑：段海宝

图书在版编目（CIP）数据

孟子选／罗安宪 主编 . —北京：人民出版社，2017.7（2023.3 重印）
（中华传统经典诵读文本）
ISBN 978－7－01－017750－2

I. ①孟… II. ①罗… III. ①儒家 IV. ① B222.51

中国版本图书馆 CIP 数据核字（2017）第 124532 号

孟 子 选
MENGZI XUAN

罗安宪 主编

人民出版社 出版发行
（100706 北京市东城区隆福寺街 99 号）

北京汇林印务有限公司印刷 新华书店经销

2017 年 7 月第 1 版 2023 年 3 月北京第 2 次印刷
开本：710 毫米 × 1000 毫米 1/16 印张：7.75
字数：24 千字 印数：20,001-24,000 册

ISBN 978－7－01－017750－2 定价：30.00 元

邮购地址 100706 北京市东城区隆福寺街 99 号
人民东方图书销售中心 电话：（010）65250042 65289539